JN411123

괄호를 묻는 새벽

서정문학대표시선 · 46

괄호를 묻는 새벽

초판 1쇄 발행 | 2018년 11월 15일

저　　자 | 차영미

편　　집 | 디자인그룹 여우비
펴 낸 곳 | 도서출판 서정문학
펴 낸 이 | 차영미
주　　소 | 서울시 강동구 성안로31다길 8(천호동), 101호
전　　화 | 02-720-3266　F A X | 02-6442-7202
홈페이지 | http://cafe.daum.net/seojungmunhak.com
이 메 일 | sjmh11@hanmail.net
등　　록 | 2008. 3. 10 제324-2014-000060호

ISBN 978-89-94807-72-0 03810
정가 9,000원

이 도서의 국립중앙도서관 출판예정도서목록(CIP)은 서지정보유통지원시스템 홈페이지(http://seoji.nl.go.kr)와 국가자료공동목록시스템(http://www.nl.go.kr/kolisnet)에서 이용하실 수 있습니다.(CIP제어번호: CIP2018034830)

서정문학대표시선 · 46

괄호를 묻는 새벽

차영미 시집

시인의 말

잘 부러지고
비뚤어진
생채기 가득한 가지였다.
혼자 자랄 수 없는
나무였다.
그리운 것들은
수액처럼 향기를 머금고
자라고 있다, 아직

처음이 주는 설렘에 설 수 있게
해 준 분들과 가족에게
감사와 존경을 보낸다.
특별히
딸처럼 사랑해주시고
늘 내편이 되어주셨던
시아버님께 이 시집을 바친다.

| 목차 |

1부 오늘의 다림질

2부 우두커니

3부 흔적은 자란다

4부 어쩌면 술래잡기

1부

오늘의 다림질

오늘의 다림질

어제를 쪼개서 우리는 모이기로 한다

솔깃해진 창이 어두워지면
돌아오는 노래에 익숙해질 수 있을까?
구겨진 천을 서로 펼쳐 보이고
오래 만난 주름을 다림질하기로 한다

펴지지 않는 시어들 빗면으로
잘못 새긴 간격이 번득이고
다림질은 반듯한 불안을 먹고 자란다

팔로잉, 블락 얼굴 없는 인사가 느려지고
우리는 얼굴을 지우기로 한다
숨바꼭질은 솔기 사이로 숨어들고
욕심은 가끔 비스듬해진다

오늘 나는 구겨진 다이어트를 걸치기로 한다

흐르는 문장

제목이 서 있다 42포인트는 한 번도 흔들리지 않은 것처럼 고개만 까딱이고 뒤바뀐 적 없다는 자태로 압도하고 싶다고 말한다 눈여겨 봐 줄 이는 어디에 숨어 있는지 다음으로 건너가고 저자의 말은 오래도록 뒤집고 흔들어서 아직 어지럽다고 손사레를 치고 질문은 받지 않겠다고 한다 9포인트 목차가 오래 기다린 입을 연다 속사포같이 말이 빨라져서 알아들을 수 없는데 아직 말이 많은 얼굴이어서 다음 페이지로 도망가기로 한다 버석거리는 중간표지는 고민하지 않겠다고 건너가요, 어서가요, 이미 귀찮아지고 있는지, 갈 길이 멀었는데 말쑥하게 옷을 갈아입은 얼굴은 만날 수 있을까 나를 닮은 얼굴일까 호흡을 고르고 들여다보는 16포인트 제목이 낯설다 우리 만난 적이 있는지, 기시감에 익숙한 듯 본문 10포인트가 웃어본다 잠이 오지 않는 밤, 눈물 닮은 비가 가라앉는 오후, 아무도 오지 않는 숙제같은 단어를 풀어놓고 문장을 지우고 펼쳤다가 찢어버리고 뾰족해지는 글자들이 누워버리면 파랗게 새벽이 걸어오는 소리가 들리곤 했다 아무도 없는 우물 안 바닥으로 끌고 다니던 말도 안 되던 노래가 자판을 두들기고 붉은 밑줄이 여기저기 서 있다가 물음표와 마주치고 돌아가는 잿빛 눈동자가 되었다가 화장을 하고 옷을 갈아입는 오래된 인형으로 낡아가고 시간은 어색하게 흔들렸다 페이지마다 흐렸다가 맑았다가 일어서다가 오늘은 나를 닮은 적이 없었다고 대꾸한다 만날 때마다 한 눈금 낯설어지는 우리는, 지키지 않을 약속을 하고 서로의 페이지를 덮고 있다

모양의 모양*

어둠속에 혼자, 혼자라고 말 못하는 너를 만난다
혼자 늙어가는 동성애자와 팔리지 않는
그림 속 광고는 손을 흔들고, 우리는 밤을 청소한다
철제문 사이에서 수다는 비대칭으로 흐르고
바닥에서 바닥으로 그림자를 닮아가고
물의 겉면을 떠돌고 있었다

비가 내리는 창밖은 거대한 수조를 안고
탈출을 위해 아가미가 자라지 않는
숨 가빠오는 손을 마주 잡았다
너를 안고 싶다고 스크린은 울지 않아서
어둠 안으로 물음표 모양을 채우고 있었다

혼자 너의 목소리를 기다리다가
비늘이 많아져서 물어보지 못했다고
혼잣말이 물속으로 내려앉았다

---

* 기예르모 델 토르의 영화 '셰이프 오브 워터-사랑의 모양'을 보고

조명이 켜지는 너를 깨우지 못하고

헐거워진 편견이 천천히 따라왔다
오래된 시계는 기포를 밀어내고
친절한 가면은 혼자 떠오르고 있었다

나선형을 골목이라고 부를 때

멈춰 있는 것은 죽은 것이라고 한 발씩 내디뎌야 한다고 흐르는 물은 절망에 빠진 사람을 끌어당긴다고 그는 말했다

오랜 우물을 들여다보고 뫼비우스의 띠처럼 거울을 마주하고 발걸음 소리가 들리지 않았던 것은 자주 길을 잃은 탓이었다

난간에 비스듬히 녹슬어가는 자전거, 어디선가 고등어 굽는 냄새가 나고 담배 연기는 벽과 벽 사이로 비켜서고 재개발을 묻는 전단지 혼자 서 있다

막다른 골목, 우리는 서로의 가면을 훔쳐보기로 손가락을 걸었고 계단 사이 길을 잃은 소음을 베어 무는 오후는 재바르게 걸어갔다

곡선으로 감겨오는 어스름 어딘가에서 숨바꼭질

중인 메아리는 검은 고양이와 벽과 그림 사이, 흔들리지 않는 흔적을 좇아갔다

살아지는 것들 사이에서 사라지는 봄의 계단을 헤아리지 못하고 오름길이든 내리막길이든 소용돌이에서 잠시, 길을 잃어도 좋았다

흔들리는 하루

우리는 각자 비밀을 삼켰다 네가 싫어졌는데 이유를 설명하면 더 미워질 거야, 그러면 어쩌나, 변명을 버리고 답을 숨긴 책이 시들어가고 있었다 동네 어르신이 감을 따다가 거꾸로 떨어져 돌아가셨다고 어쩌나 어쩌나, 남편은 혀를 차고 들어왔다 비밀은 옅어져서 비밀을 사랑한 나를 잊어가는 건망증 같은 오후, 지진 문자가 들어오고 물음표가 두 번 흔들렸다 5.4의 지진이 덮친 포항은 어쩌나, 필로티공법*이 위험하다고 SNS가 종일 달아올랐다 동네 신축 빌라는 1층이 다 주차장인데 어쩌나, 두꺼운 상상력사전 옆에 춤추는 죽음이 꽂혀 있었다 약속을 알리는 문자가 도착하고 추워서 어쩌나, 이른 겨울을 삼킨 밤은 어둑한 비밀을 흔들고 있었다

* 필로티공법: 1층을 비워서 창고나 주차장으로 쓰는 공법

이름을 기다린다

안과에 앉아 지루함과 만난다 반쯤 아물어가는 망막 위로 날파리가 불안으로 날아다니고 촛점을 먹고 자라는 모니터를 끌어당긴다 모니터 속에 사는 빨간 교회 너머 “여기를 보세요, 왼쪽 눈을 가리시고, 이게 뭐죠?” 모형 발바닥은 분주하다 동공이 확장되는 눈동자는 문자를 날리고 사람들이 아득해진다

안과에 앉아 낯선 이름, 없는 이름위로 아직 이름이 오지 않는다 시력검사표 닮은 전화번호를 해독하고 모니터는 턱과 이마를 고정시킨다 “망막이 많이 찢어졌네요. 레이저 수술을 하셔야겠어요” 통증으로 번쩍이는 시신경이 노화인가요, 어디서 다쳤죠? 오후는 질문으로 달려간다

유황

지옥계곡, 노보리베츠 활화산은
황토빛 몸으로 시간을 뿜어내고 있었다
간헐천으로 끓어오르는 기다림,
쉼표는 다시 쉼표,
스마트폰은 분주하게 걸어다녔다
회백색 증기와 언어가 가득한 곳
도깨비는 커다란 표정이 멀어졌다
“이건 유황냄새지, 유황냄새!”
자꾸만 묻는 할머니는
손녀의 짜증에 삐걱대지 않았다
빗방울은 노천온천 지붕 사이로 몸을 섞고
깊은 곳에서 밀어 올리는 뜨거운 소리에
시간은 자꾸만 밀려나고 있었다
젖은 숲, 빗방울, 뜨거운 온천 위로
고대의 어둠이 숨어들고
어둠을 읽어내는 유황냄새는
오래도록 밤을 따라다녔다

백색소음, 흐드러지다

마음이 웃는 것을 보았나요?
담벼락 그림이 물어온다
독거노인의 기침이 쿨럭이는 무지개벽 반지하,
벌거벗은 신축빌라 자재들은 물기를 털어내고 있다
2층 창문이 열리고 이불 터는 소리,
봄꼬리가 발랄해진 반려견은 화들짝 돌아서고
원두가 갈리는 쌉싸름한 향은 낮은 포복중이다
발바닥을 따라오는 물기 젖은 보도블록 사이,
월세 50만 원 종이가 번지고 재잘거리는 아이들 목소리
끊어졌다 이어지는 골목 어귀 발끝을 든
백색소음* 위로 흐드러지는 소리, 소리들
투명한 셀로판지 위로 빗소리 다시, 걸어간다

---

* 백색소음: 넓은 음폭을 가져 일상생활에 방해가 되지 않는 소음. 빗소리 등

입양의 표정

일주일 전 입양한 노란 튜울립, 로즈마리, 틸란드시아는 달의 뒤편에 앉아 있었다

안락사 전에 입양한 아리는 과잉보호자가 되었다 내게 손을 대면 비명을 지르고 날아오고 밀당의 고수가 되어서 이불속으로 파고 들었다 우리는 열 번의 피나는 전쟁을 겪었고 모퉁이마다 흔적을 뿌리는 표정은 당당해졌다 따라오라고 꼬리를 흔들다가 낯선 반려견 앞에서 움츠리고

로즈마리의 표정은 어두워지고 시들어가고 있었다 내 손에서 화분은 늘 자라지 못하고 아버지의 분재는 반짝이고 있었는데 나는 표정이 보이지 않아서 널 모른다고 잎사귀 한 쪽이 모로 서 있었다 가끔씩 표정은 허공을 따라가고 있었다

반려견 아리는 앳된 여자아이를 자주 돌아보았다

서걱거리는 봄비는 내리고 우산 없이 하교하는 아이 사이로 아버지를 잃은 분재를 생각하고 허공에 뿌리를 내리는

지워지지 않는 이름이 혀 끝에 욱신거리는 오후였다

느슨한 비요일

오늘은 종일 비,
경춘선은 등산복 차림으로 가득했다
잠시 머무는 친절에
빗소리도 비켜가고 낯선 얼굴도 다정했다
이름만 알던 어떤 생이
아침에 떠났다고 SNS에는 명복이 넘쳐나고
함께 죽어버리자던 이상은 27살에 요절하고,
29살에 요절한 김유정을 만나러 실레마을 가는 길

렌즈 속으로 봄봄의 점순이가 들어오고
노란 생강꽃이었다는 동백꽃이,
두 번이나 사랑에 실패한 소설가가
초가지붕 지나 오랜 배경처럼 생가마당으로 흐르고
시인으로 태어나 시인으로 살다간
이승훈 시인의 열일곱 살 시를 만나고,
시인의 제자를 만나고
가끔, 브레이크를 밟아야 하는 것은 철로 위

느린 걸음으로 내려오는 운무를 만났다

어디선가 한 생이 이별을 이야기하고
어떤 생은 봄날의 쉼표를 이야기하고
늦은 비는 아직도 두근대고 있었다

다시, 봄눈

봄눈이 날아다닌다

봄눈은 흔들리는 어깨를 지나
폭설로 발을 붙든다
투덜거리는 오후로 녹아든다
춘분을 지나 봄눈이 봄을 죽이고

꿈속에서 나를 죽이고 봄눈은
도심 색깔을 죽인다 어디선가
시인도 죽는다 어제 한 여자가 죽고

죽어야 사는, 죽어야 피는 봄,
충정로 뒷골목 시린 손 위로 달아나는
봄눈은 휘날리고 인사를 나누고
떠도는 잡담을 생각한다

그림자일까, 거짓말일까…

봄눈이 스러지는 골목,
다시, 봄이다

새벽 단편

매듭은 풀리지 않았다 오늘도
조금 늦어졌을 뿐이라고
나는 긴 잠꼬대로 뒤척였다
버려진 생각이 한 가닥 걸어나오는 시간
박제된 자판은 진동으로 헐거워지고
건전지가 빠져나간 시계 초침
발이 언 새벽이 걸어오는 소리를 기다리는
불면은 LED를 스캔하고
속이 쓰려오기 시작했다
어디선가 이른 시동이 부스럭거리면
배터리는 6%를 삼키고 낙서를 뱉어냈다
민낯에서 천의 얼굴로 드나드는
그녀의 목소리가 일어서고
지켜지지 않을 약속이 미끄러지면
벽지를 따라 돌아눕는
자각몽을 연습중이라고 속삭였다

말의 물음표

부를 때마다 한 칸씩 계단을 삼키는 중이었다
살이 오르는 말이 그곳에 살고 있을까?
나의 빈자리를 엿듣는 중일까
아직, 물어보지 못했다
폭주하는 말머리가 자기복제 중이라고
말꼬리도 심어두었다
임금님 귀는 당나귀 귀 나는,
말이 많아져서 자꾸만 말을 뒤집는데
아이였던 부호를 기억하는지
쏟아진 말은 어디로 가는지
햇살을 등지고 오래된 말, 고장난 말이 돌아다닐 때
네가 울지 않았으면, 길을 잃지 않았으면 좋겠다고
듣는 말이 꺼지고 말하듯이 노래를 불러 봐,
말하는 귀가 하나씩 흔들리고
빈말이 옷을 입었다

괄호를 묻는다

물음표가 이곳저곳 서 있었다
해답을 모르는 한 밤
뼈가 늙어가는 소리가 들린다는 너에게
마름모를 입힌다 밀리미터를 재고
우리는 손을 잡지 않는다
세모를 입혀보고 아직 깨어나지 않는 것은
어울리지 않는 것, 욕설을 삼킨다

간격을 지웠다가 되돌리고
탈출을 꿈꾸는 접질린 어제가
시큰하다 흩어지고 쏟아지고
입을 닫은 말들이 편을 가른 격자는
무한복제중이다 등을 돌린 선이

보폭이 짧은 이마는 길을
잃은 줄 모른다 새벽을 밀어내는
바람은 괄호를 긁어대고 우리의

무거워진 시간은 잠시,

묻지 않기로 했다

빈집

날마다 울었는데 울음소리는 들리지 않았다
"집터가 운이 다했어요"
마당에서 연실이 유리알갱이를 먹고
연은 몇 개나 끊어졌을까
백구는 돌아오지 않아 도로로 언제,
달려갔는지 기억이 나지 않아도
자궁을 들어낸 집은 자꾸 야위어가고 있었다
막내딸을 잃었다고 신동이던 아들은
아직 돌아오지 않는 아이를 기다렸다
"오래 살 거야" 화장실에 빠진 동생은
"언니 놀러와" 백혈병에서 일어났다고
삐걱이는 마루 위에서 소꿉놀이를 하고
동지팥죽을 먹을까
자주 발을 거는 부엌 댓돌에 쪼그려
새알심만 골라먹는데 물이
자꾸만 차오르고 있었다
뒷방 사는 양색시는 짜디짠 스넥을 건네고

짐가방 하나 들고 떠났다
"나랑 같이 놀아"
어려서 보약으로 어둔해진 앞방 처녀는
섬으로 시집가 아들넷을 낳았다고
이혼당해도 집으로 돌아오지 못했다
껍질을 잃은 집은 자주 줄어들고
삐걱이는 사람들은 돌아오지 않았다

일어서는 민들레

책갈피 속, 보내지 못한 인사는 낡아가고
아버지를 화장하고 돌아온 마당에 하나 둘
날아가던 앉은뱅이꽃, 홀씨들은 늦가을을 흔들고
우리들은 오래도록 마주하지 못하고
민들레의 안부를 묻지 않았다

사마귀 하나 커다랗게 앉아있는 금 간 담벼락,
방아잎 향 풍기는 화단을 안은 작은 벽돌
녹이 슬어가는 철대문은 반쯤 열려 있었다
삐그덕 소리를 내는 오래된 풍경화처럼
움직이지 않는 집은 가끔 일어서고
사진은 바다를 등지고 웃고 있었다

보도블록 틈새 민들레 꽃대궁 일어서고
오래도록 나를 따라오는 노란 꽃멀미 하나

라일락

우물이 하나씩 일어섰다
숨어도 숨어지지 않는
숨바꼭질이 따라왔다
흔들리는 기억을 끌어올리고
지하철 손잡이를 잡는 모조향이
인공포자는 입을 열지 않았다
얼굴 앞에서 멈추었다 생각 없는
느린 향기가 길을 잃는 시간이었다
어린 묘목은 혼자 죽어가고
막 화장을 끝낸 빌라 화단에서
라일락향이 따라오고 있었다
불이 켜지고 골목 어귀 창가
앳된 배달부의 통화를 훔쳐듣고
받을 수 없는 것을 삼키는데
택배 박스들 가지런히 엎드리고
어디선가 4월이 몸살을 앓고 있었다

맛있는 비

비의 맛을 기억하나요? 아직

호프집 창너머 밤비처럼 수다가 내린다 페니미즘과
반페니미즘,
SNS가 탁자 위로 뛰어다니고 생맥주가 따스해지고
우리는 비를 마시고 흥청이는 도로를 마주본다 마음
없는 사과와 어울린 적 없는 웅덩이에 젖지 않기로
한다 낯선 하품이 말을 걸어오면 오려붙인 발가락도
빠져나가고 밤을 무서워하던 아이를 생각하고 비긋
한 카드를 내밀어본다

립서비스도 환불이 될까요?

2부

우두커니

등대

너는 표정을 보이지 않는다
소리지르는 것이 절벽이거나
파도이거나 흐르는 공전은 안개처럼 다녀간다

늦은 아침 하체를 잃은
너울의 등을 더듬다가
어둠이 오기 전 일어서기로 한다
일몰에서 알몸으로

나는 날마다 직선이고 점이어서 사라지는 바닥이다
감은 눈으로만 보이는 빛을 연습 중이거나

무늬

나는 지그재그로 색칠한 벽을 걸어갑니다
화면을 마주보고 허공은 말치레로 채워집니다
비스듬한 잡담만 다리를 흔들고
얄팍한 물음표는 자주 출렁이고

선명한 나는 변명을 따돌립니다
한 눈금씩 올라가는 벽지 얼룩
옷을 자주 갈아입는 첫 문장

바닥을 끄는 비릿한 냄새 호프집 거울을 호출하고
잠꼬대를 따라다니다 가끔 그을리는 벽은 희미해집
니다 막차 시간표가 번지고 늦은 하루에 끼어 앉아
있다가 아직, 표정을 읽지 못했다고 토닥입니다

읽지 못한 기미를 던져주고
삐딱해지는 설레임에 잔을 채우고
나는 오늘도 후회중입니다

향수

나를 만났는데 얼굴이 많아서
모래 냄새가 난다고 했다
입구에서 미니어처 향수를 팔았는데
신맛을 던지고 이름은 사라졌다
미워하지 않은 척 우리는 오래 사귀었고
거꾸로 흐르는 기억으로 값싼 화장을 했다

장 그루누이는 향수를 찾아 살인을 하고
향수로 죽었다지,
나는 향이 싫었는데 자꾸 말을 걸었어
선물은 혼자 지치고 늙어가고 기억을 잃고
아로마향초도 페르몬도 시어도
내 옆에선 다들 죽어가고 있어

어제, 나는 말의 화살을 맞았는데
향수가 웃고 있었어
이제야 네가 생각나서, 미안해

흔적

얼려놓은 오후를 꺼내 믹서기에 넣었다 씨앗이 흘러가고 숨바꼭질은 끝나고 꽃이 피지 않는 아이들은 돌아오지 않았다 시간을 물어보지 않는 벽시계, 호흡이 하수구를 걸어간다 금간 담벼락 밑으로 잡초가 일어서는 새벽, 말을 거는 골목마다 습관이 가득하다 고리에 매달린 꼬리들을 분리수거 중이다 다시보기와 삭제하기, 보류와 잠금 버튼 사이 암호를 찾는 블랙홀이 가라 앉는다 바랜 벽지 사이로 불면이 자라고 숨어버린 어제는 혼자 뻐근하다

보도블록

나는 새벽을 위로하기로 한다
읽혀진 바닥에서 도움닫기를 시작하는 바닥이라고

일어서는 중이다 무거워지는 어깨를 마주하고
더듬거리는 한 발로 균열을 딛고

안개를 불러본다 패인 상처를 밀봉하는
바닥에서 바닥으로 디딤돌 너머

밤의 이야기들이 모여든다 휩쓸려가는 것들
내려갈 곳이 없는 것들은 조아리지 않아도

앙금으로 내려앉고, 박자 모르는 길바닥은
한 걸음 더 눌러앉고 있다 옛 노래에 잠기고

나는 보이지 않는 중이다 풀어지고 흩어지는
바닥에서 바닥으로 떠오르는 중이다

흉터

아무렇지도 않아 이제, 속삭이는 소리를 듣는다 상흔이 바글거리는 이야기를 언제 들었는지 기억나지 않아 뜨거운 물에 데어 학교에 못간 초등학생 날일까, 할머니가 돌아가시던 날일까, 억지로 문을 닫은 어린 날이었을까, 입양한 유기견이 여섯 번째 물던 날 닮아가는 나를 만나고 나도 누군가를 물어뜯었을까, 트라우마는 아물고 있을까 조강지처를 버린 아버지는 변명하지 않았지 자국은 삭제할 수 없었고 우리는 다정하기로 했는데 아버지는 없었다

찰랑대는 반려견을 데리고 산책을 간다 그림자 속으로 딱지가 떨어지는 소리를 듣고 아무렇지도 않게 그렇게,

못

시간은 길어지고 있다 터진 솔기 사이로 뼈와 뼈들
이 못질하는 바람이 걸어가고 있었다 길을 잃은

몸살이 실어증을 앓는다 혈관을 잃은 젖은 비명을
본 적이 있는가 잎맥이 마르면 세포 위를 달리는

스탬프를 벗긴다 충돌하며 풀려나는 날실 사이로 거
꾸로 흐르는 어둠을 빗질하고

새벽은 못 하나 숨겨두고 녹슬어가고 있었다

가각街角

맺힌 피에서 달냄새를 오려낸다
통증이 오기 전 달냄새가 났는지
달냄새가 나서 통증인지 날개 부딪힌 새는
박제된 단어 사이를 쪼아댄다
나의 모서리는 늘 오른쪽이다
밤이 울렁이고 동면은 열어져서
귀퉁이가 뾰족해지고 있었다
꿈 위로 거품이 떠다니고 얼굴을
기대면 한 방울씩 떨어지는
잡음이 복제되는 중이다
비릿한 하루가 일어나고
모서리가 자라는 소리,
빗방울이 바닥을 뒤집고 있었다

기억인형

비릿한 물냄새가 말한다 심을 잘라 먹었어 발톱을 지웠다고 가시를 심어두고 부풀어 오르지 심장을 잘라먹는 이야기는

겨울밤이 야위어가는 소리를 들어 시린 계단을 만날 수 있을까 위장 바닥을 접는 베인 손바닥 위로 비명이 근질거리는

냄새를 맡았지 꼬리뼈 위로 눈꺼풀이 떨어지고 탱자나무 열매가 뻗어가는 빈집에서 상상을 뱉어내고 어제를 삼킨 괄호를 걷어가고

해독이 안 되는 퍼즐 조각에 발을 삐었지 딸국질을 하고 '가끔' 기억하지 못하는 내가 자라고 기억을 잘라먹고 있어

8월

8월의 크리스마스를 보았고 공중전화 부스옆으로
멀어지는 개의 늙은 발바닥이 자꾸 밟힌다 1998년

묵혀둔 동굴을 끌어안았다 실종된 장마는 열섬으로
덖어지고 폭염경보 알림, 스마트폰으로 몸을 밀어넣는

'녹음한 파일입니다' 8월 부부싸움이 배달되었다
2012년 여수엑스포에서 1년 뒤 도착한 얼굴이 깜빡
이고

폭염주의보, 특보, 나는 또 잊을 것이다
에어컨이 발작하고 가난은 여름에도 서럽다, 쪽방
어르신

시를 쓰다가, 허덕이다가, 꿈을 꾸다가
8월이 뒷걸음치고 시어를 잃어버린 뇌우가 쏟아졌다

등

지하철을 타고 가다가 깍지 낀 등을 불러보았다 훔쳐보다가 그림자로 가라앉고 '잠시 멈춤' 이라고 클릭하고 떠밀려가고 있었다 순환레일은 꼬리를 놓치고 뒤로가기는 '보수중' 이었다 스크린도어는 수다스러웠지만 19살 수리공은 아무것도 묻지 않았다 바닥이라고 부르면 이미 가라앉는 등이 흔들리고 있었다

포스트잇이 간격을 삼키고 팽팽해지고 '너의 잘못이 아니야, 미안해' 컵라면과 국화꽃 사이 내일을 잃은 케익이 매달리고 있었다 어둠이 스미고 깜빡 죽어가는 맥박이 무심해지고 낯설어질 때까지 젖어가는 레일을 마주 보았다 정수리 밝은 등이 하나씩 일어서고 있었다

메아리

비긋이 스치고 뒤뚱거리고 있어 너는 다른 소리를 듣고 이야기는 달라지지 조금씩 어긋나고 대답은 없었어 안전문이 닫히는 소리, 캐릭터는 죽어가고 입술을 토해내고 올풀린 스타킹이 걸어가면 만화주인공이 프레임을 잘라 0과 1을 따돌리지 못한 자판은 쿼터일까 천지인일까 심장이 절뚝이는 소리, 자막을 삼키고 업데이트는 청구되었다 반대편을 보고 문자 뒤로 끌려가는 종착역, 소음을 닮아가는 거미줄은 투명한 길 위에서, 길을 잃고 돌아오지 않아

변신

우리를 숨긴 발톱이 삐져나왔다 서로를 마주보면
편두통이 찾아왔다 아무도 찾지 않지 굽은 등은
셀 수 없는 숫자를 잊었고 자주 가려웠다 기억을
지우고 악몽처럼 우리는 리셋을 삼키고 이빨을
드러냈다 묽은 실내화가 보였다 계단을 덧칠하면
갈라진 틈새로 겨울은 립스틱을 칠하고 햇살을
쬐는 그림자에게 빨간 미니스커트를 입혔다 나는
골방에 앉아 '감금' 이라고 적고 있었다

갈피

기웃거리고 있다 나는, 이곳을 펼치면 저곳에서 부르는 소리를 듣는다 한 조각을 거두면 발자국 사이는 뜨거워지고 아이가 떠드는 소리가 들린다 이곳과 저곳 사이에 물음표를 심었는데 길을 잃어본 아이, 울보 아이, 빈 젖을 만지고 잠드는 아이를 어름에서 만났다 닮았다고 분리되는 것들과 악수를 나누고 서랍을 밀어낸다 낡은 사진이 걸어나가고 느낌표가 소곤거린다 나는 페이지를 열어서 소리를 지운다 이곳을 지우면 저곳에서 기웃거린다 흔들리며 걸어가는 것들이

우두커니

방은 비어 있다 혼자 식어가고 옷걸이마다 벗고 골목을 껴안고 웃음이 난간을 할끔대고 두드리고 끈적인다 등을 맞댄 벽 안으로 숨죽인 'ㅁ'이 꺼지고 비스듬히 식어가고

흔들리는 네온사인 반은 열리고 반은 숨죽인 창이 떨린다

키 큰 바람이 걸어간다 벌거벗고 번들거리고 불면으로 웅크리고 기대는 18살 비어가는 바닥, 바닥이 담을 넘고 창을 넘고 아스팔트를 가로지른다 어제를 타는 내일 내일을 타는 오늘, 비스듬히 등을 기댄 어제를 '아직' 찾지 못했다

벙커*

낯익은 수다를 베낀다
깊은 감기에서 2주만에 걸어나와
잠시 주인공이 되었다
한껏 낮추는 천장 앞에서
오늘도 무뚝뚝한 경고문을 만난다
이 열기는 너의 몫이다

나선형 계단은 수선스럽다
귀를 막은 벽은 리모델링중이고
달뜬 노래만 발개진다
한 번쯤 숨어서 지켜보는
우리의 깊이는 안전할까

욕설을 패러디한다
팔랑귀가 되었다가 거울을 세우고
오선지를 베어내고 깊숙이 포장한다

---

* 벙커: 골프장 코스 중 모래가 들어가 있는 오목한 곳 또는 배의 석탄이나 연료창고

모래같은 눈이 이슥거리는
나는 늦은 전송중이다

Noise(잡음)

오래 묵은 흉터위로 활자들이 번져가는 Scrach

벗겨내는 딱지를 따라오는
가면이 벗어지지 않는 소리

휘갈긴 퍼즐이 아무렇게나 일그러지는 Scrach

긁어대는 낡은 철판 위
밤새 솟아오른 토끼뿔 소리

하루가 느물거리는 미로의 담벼락 Scrach

목이 쉬도록 아이가 울어대는
낯선 소리 발자국들

손톱이 누르는 앙심 각질처럼 바스라지는 Scrach

솟아오르는 핏방울에서
나는 아직도 떠도는 소리

다크서클

'내일은 유토피아' 속삭이는 소리를 엿듣는다 최면을 건다 스크린 위로 암호가 흘러내린다 물음표를 클릭하고 포르노그래피가 배달된다 훔쳐보는 디스토피아, 아이큐84라고 읽자 아들은 웃었고 텔레스크린에서 빅브라더가 웃었다 리틀피플은 해설을 먼저 읽는다 도망치기 위해 발을 뻗고 반복재생하고 감시하는 오늘도 감옥이다 하얀 밤은 줌인, 줌아웃, CCTV는 아가씨의 입술을 훔치고 3D영화관의 아바타는 이곳에서 저곳을 삭제한다 '채식주의자'를 읽었는데 한강의 고적한 얼굴은 행복할까 이틀째 장대비가 내린다 오늘밤 두 개의 달이 뜰까?

3부

흔적은 자란다

내비게이션

길은 열리지 않았으나 나는 거기에 있었다 붉은 줄은 길었고 행렬은 다가왔으나 떠나는 소리는 들리지 않았다 선이 없었고 가끔은 실선이었고 내가 가고 싶은 길은 누군가 줄을 그었고 시작도 끝도 보이지 않는

나를 던져두었다 부호를 새겨 넣고 떠나고 싶지 않았지만 막다른 길에서 직선은 지워지고 잊혀지는 누군가 달콤하게 속삭이면 추락하는 멍투성이가 낯선 곳에 이름을 부여하는 꿈을 꾸었다는

방금 길을 잃거나 읽히는 길너머의 길은 벼랑처럼 날카롭지 않았다 길은 날을 다듬지 않았고 선이 그어지고 비뚤어지고 자로 댄 어제를 따라가고 있다 길은 헛디디고, '경로 이탈' 을 이식하는 중이다 신호를 잃은

김삿갓, 통굽

처음이었다 김삿갓 문학제는, 뒷통굽이 떨어져 나갔다 갓, 도포, 지팡이를 짚고 '김삿갓 길 걷기'를 기다리던 중인데 통 크게 7cm를 기대했는데 4cm가 사라지고 3cm가 뒤로 뒤뚱거린다

영월군 김삿갓면 와석리에는 파전에 막걸리는 있어도 편의점에 접착제가 없다 새마을 버스는 2시간에 한 번, 셔틀버스는 금방 떠나고 외진 벌판으로 후두둑 빗방울만 날린다

시장에 내려주었다 콜택시는 3만 5천원, 나는 굽이 없는 신발을 샀다 쏟아지는 10월의 비, 일행을 두고 온 읍내는 익숙한 듯 낯선 비가 자꾸만 내린다 머그잔을 붙들고 이층 창가에서 오지 않는 셔틀버스 2시간, 나는 자주 목이 마른다

축제가 추워진다 쏟아지는 천막 아래 고인 빗물이

낮은 비명을 지르고 흩어지는 사람들 사이로 여류시인은 천만 원 상금을 받고 혼자 있을 반려견을 생각한다 젖은 김삿갓의 짚신을 바라보고 통굽을 버린 신발은 길 떠날 채비를 한다

여름의 소실점

회오리의 춤사위가 시작되고 배수구를 따라 지페를 호객하는 우산이 전단지를 보고 '울컥' 방지턱에 걸린 장마가 작달비를 쏟아냈다

할머니가 사라졌다 지하도계단 구걸하던

"맨발은 처음 봐, 모여봐 발을 찍어보자" 박자 놓친 에어컨은 삑사리라고 웃었다 아이스아메리카노를 빨아대고 노래하고

샌들 위로 알몸을 내밀고 있었다

'이딴 전화 좀 그만해요!' 끓어오른 중년이 스커트 뒤로 반 발자국 물러섰다 씩씩대지 않는 스팸전화 뒤로 더위먹은 건널목이 누워있고

탱크탑은 스타벅스 유리너머 종아리를 스캔하고 건

망증 가득한 중년이 클릭한다 열병을 잠재우고 무거워
진 혀 끝에 멈춘 낯익은 복사, 혼자 삭제된 단어는

머리를 자르고 뜨거워지는 오후 앞에서

잠시 낯설어가는 나를 만나고, 레일을 건너가는 열대
야를 기다리고

소소한 비

“아저씨, 세워주세요!” “아우성을 쳤는데 아저씨가 못 듣는 거야, 쫄딱 비를 맞았어” 데이트 갔던 딸이 콜록거린다 비가 오면 T익스프레스는 탈 수가 없다고 더블 락스핀을 탔다고 했던가? 딸의 남자친구 이름이 뭐였는지 기억나지 않는데 에버랜드에는 46개의 놀이기구가 있다고 했던가?

오페라단 갈라콘서트를 보러간 날 “갈라콘서트가 뭐지?” “주요장면을 부분으로 보이는 무대래요” 검색을 서두르는 스마트폰으로 어원이 가득 흐른다 같은 땡땡이 드레스를 입은 두 소프라노, 네이비 자켓을 같이 입은 여자를 서로 피하던 날도 수다 속으로 여자같은 비가 내리고

비를 따라가는 걸음이 물컹해진다 일기예보가 구시렁대는 오후에 횡단보도를 위반하고 마주친 눈을 사선으로 보낸다 계단을 덮쳐오는 비바람에 시침이 흔

들리고 변덕스러운 우산이 출구마다 가득하다 우리는 불어나는 문자를 '잠시, 소나기'로 삭제버튼을 눌러댄다

배달 사고

배달받았다 어제를
구겨진 수취인 불명, 흉터가 아프다는
어제를 배달받았다 손잡이 없는
모래늪에서 눈에 가득찬
어제를 배달받았다 넘어진
액정에서 무릎이 뾰족해진
어제를 배달받았다
돌아보면 아무도 없는, 복제되는
어제를 배달받았다 혀를 끌어
기침을 시작한다 아카이빙 된 문자는
무거워서 몸살을 앓고
말해주지 않는다 달려간 것은 길을 잃었다고
열쇠를 잃어버린 서랍에게
어제를 배달받았다 아직,
숨바꼭질은 끝나지 않았다는
어제를 배달받았다 비밀은 숨어서
찾지못했다,는 구겨진 문자가

어제를 배달받았다
나는 수취인불명이다

혀를 기다리는 파울링Fouling*

너의 뒷모습이 붉었을까
길을 터주는 소음에게 발톱을 세우고
혀를 물고 가는 발바닥은 혼잣말을 시작한다
파래는 밑동을 드러내고 따개비를 뒤집어 쓴
느슨해진 뼈가 기침을 풀석이고
그물코를 깁고 있었다 방파제 끝에서 달리다 바람은

앙상한 햇살을 사냥중이었다
이른 집어등 갈치배가 느릿한 수평선에 서서

섬바깥으로 목을 내민다
썰물이 슬로모션처럼 걸어가며
쏟아지고 있었다 광장에서
소음이 빽빽하게 가로막았다
비명을 지르는 파래가 쓸리고

---

* 파울링Fouling: 어떤 물체가 원하지 않는 곳에 붙어서 장애를 일으키는 것

낡은 밑동을 흔드는 따개비
성긴 브러시는 부러지지 않았다

한해가 건너가고 비릿한 폭죽이 흔들리고
페인트가 혀처럼 흔들리는 함성 너머로
날아가는 고래를 보았다

고장

습기 먹은 등을 오므리다 덜컥,
정지하는 소리 경고등이 켜지고
움직이지 않는 몸, 구겨지고
색이 묻어나는 몸을 펼쳐두면
패잔병같은 마디가 시큰하다

파워를 불러오면
소음은 비끗하게 일어서고
한 두마디 관절을 밀어낸다
다시 경고등이 반짝인다
앞이었다가 뒤로 움직이는 신호 사이로
조급한 오후는 시침을 건너뛰고
우리는 몰랐을까, 외면했을까?

더위에 눌린 버튼이 밀려나고 서로를
혹사하는 우리는 바닥으로
번들거리다 오늘도 수거되지 않는다

방과 바다

바닥에 배를 깔고 누운 늙은 요크샤테리어의 등과 벽지의 틈새, 제각각의 이름으로 서 있는 책들과 온몸으로 무게를 껴안은 책꽂이의 틈새, 네모난 표정으로 서 있는 TV모니터와 뒤로 자꾸 숨어드는 먼지의 틈새, 창문을 막은 여름 발과 그 옆을 지나가는 이웃여인과 인사 한 번 하지 못한 틈새, 쨍한 하늘을 낮게 가로지르는 비행기 소리와 들쑥날쑥 이어지는 소음의 틈새,

"잘 도착했어, 3일 뒤에 봐" 고향 섬에 휴가 간 남편의 바다건너 스마트폰과 노트북 위에 선 내 스마트폰과의 틈새,

8월 무더위가 빼꼼 얼굴을 내밀고 있었던 거야

가을을 팝니다

어디서부터 가을일까요
가로질러 가을로 갈까요
강둑에 서서 편두통을 안고
서성이는 코스모스, 강아지풀을 담아봅니다
하얀 유니폼이 모여듭니다
자전거 도로를 휘몰아가는 동호회
야구공을 맞았다고 일렉트로닉 팝송이
카페 밖으로 걸어다니고
쑥부쟁이를 나르는 나비 한 쌍
카메라를 벗어나고 있습니다
가을을 복제하는 중입니다
파노라마 사진은 강을 둘러 안고
펴지지 않는 강을 베고
도로를 비켜가는 유모차를 바라봅니다
모로 누운 아파트단지 너머
야구장이 메아리를 소환하고
한쪽만 비어버린 기억

기다리던 오후가 내려앉습니다
옷을 갈아입지 못한 나무가
서성이는 강바람을 두드려 봅니다
작은 섬은 엉킨 풀을 안고
기억을 타고 흐릅니다
복제된 가을이 손을 흔드는
한 가닥 기억을 사고 있습니다

사라지는 골목

깨진 화분 사이로 질긴 한숨들이 일어선다 잠시, 윤기가 번들거린 것은 인공눈인양 온기가 빠져나간 빌라 팻말이 검게 떠 있다 '출입금지' 재건축을 기다리는 미로같은 길, 골목을 걸었다

LED가로등이 새 지번을 기억할 수 있을까 낡은 수레에서 엉덩이만 빠져나온 폐지 묶은 책갈피 속 지폐인양 잊혀질까 어둠이 머리를 들이밀고 콤파스처럼 눕는다

뎅그렇게 비어버린 고향, 패인 담벼락 사이로 초승달이 스미고 있었다 고향집 개구멍같은 골목은 모로 서 있었다 밤늦은 발자국이 슬그머니 들어서면 기침소리처럼 백열등이 꺼지곤 했다

인도도 없는 찻길이 버벅거리고 집들이 낯설게 서 있었다 웃자란 아이는 헛걱정을 말아두었을까 키작은

잔상이 자꾸 돌아보는 한밤,

뉴타운의 붉은 꿈은 해체되었다
사라지는 것이 각인되는 것인양

아이러니 금요일

잘 숨겨둔 너는 수시로 열린다 웃고, 울고 싶어서 너에게 없는 내일이 울컥 치받아 애써 모른척 한다 들여다보는, 밟히는 흔적을 지우고 아이러니가 걸어가고 있었다 통하지 않았고 통로가 없어서 굴절은 고개를 뒤집고 안녕이란 말이 열리고

접시 위로 깨진 늦가을이 기울고 아이러니가 삐걱대고 꼬리표가 붙은 꿈이 끊어졌다 불면으로 뒤척이는, 뒤집어지는 이유를 아무도 묻지 않았다 말하지 않는다 물음표가 잠이 들고 양지바른 언덕에 혼자 물컹해질 것이고 아이러니는 졸리고 배고파지고

질긴 오수

늙은 낮달이 피로한 기색도 없이 기울어가는 날이었다 뒷골목 검은 고양이가 투영한 바다속에서 몰이사냥을 하고 껑충 서 있는 집은 어릴적 대문도 없던 기와집을 닮아 갔다 신열처럼 몸이 달아오르고 숨어 읽던 로맨스소설처럼 그 남자가 있었다 누군가를 닮아 있었고, 부끄러움도 없이 뒹굴었다 낯선 사람들이 웅성거리는 소리가 들렸다 벌거벗은 나를 바라보는 모서리와 마주쳤다 어디선가 노래가 들리고

잘못 설정해 둔 알람에 비명처럼 일어섰다 햇살이 커튼 뒤에서 훔쳐보고 있는 비스듬한 세시였다

딥키스의 떠미는 여운에 눈을 감았다 아직 삭지 않은 거품이 부표처럼 떠들고 있었다

늘 찾던 사람처럼 선명한, 기억나지 않는 축축한 그림자 걸쭉한 신열이 잠시 오후를 다독이는

암호는 기억한다

담벼락 금간 이끼 아니면
도둑고양이 발바닥
오래된 경계에서
암호가 생겨나고

아이는 담벼락을 건너가고
암호가 나무를 뚫고

낡은 마루 틈바구니
날선기와 좀벌레 아니면
비릿한 밤바람에서
암호가 자라는 소리

열쇠를 가졌고
나는 맞지 않는
열쇠가 복제하는 소리를 들었고
열쇠가 진화하는 소리를 들었고

겨울밤 플라스틱 의자 아니면
재건축 빌라 쓰레기더미에서
가을 냇가 물품무덤에서
암호를 끄집어 올리는

나는 암호를 닮지 않았고
암호는 나를 보지 않고
나는 암호를 기억하지 못하고

철거되는 먼지주름 아니면 기억
잃은 바오밥나무 꼭대기에서
아직도 암호는 흔들리고

나는 가끔 빈둥거리며 익어가고
나를 닮아가는 암호를 삼키고

루시Lucy*

맛이 기억날까요 손바닥에서 자라는 모래시계 사이로 멍울을 삼키고 빗질하고 있습니다 기억을 달리는 꼬리뼈에게

그날의 빗물이 굳어갈까요 너덜해진 쉼표 사이로 흙냄새가 밀려가고 흔적을 베어내면 새벽이 눈을 뜨고 있어요 통증으로 희미해진

비밀을 비틀어서 삭제해요 밀봉을 시작하고 버석이는 열을 해체하는 스펙트럼이 증발하고 박제된 거울은 흩어지고

뒤집어진 액정은 위액으로 반짝입니다
길을 잃은 줄 모릅니다 타임캡슐은

---

* 루시: 318만년 전 직립보행을 한 최초의 여성 인류 화석. 1974년 에디오피타 하다르계곡에서 발견

커서를 읽어요 네모가 걸어가고 루시를
나는 번안하지 못하고 링크는 걸어두고

번져가고 있어요 용서하지 않았는데
거울 등 뒤로 '아직', 숨바꼭질 중인가요?

그림자 곡선

어떤 날은
가뭄처럼 갈라지는 손바닥을 바라봅니다

불 꺼진 빈방에서
담장위로 새벽 고양이 걸어가는 소리, 벽과 벽 사이로 날아가는 날갯짓소리, 보이지 않는 벽을 노려보고 한껏 숨을 참으면, 다른 끝을 만날 수 있을까요

길 끝에서 당신을 만나고, 눈물샘을 길어 올리고, 검은 안개를 헤집으며, 안팎이 다른 웃음을 피워대며 리셋키를 누를 수 있다고 젊은 시간은 느리게 공그르고 당신을 찾는 색깔 옅어지고 짙어가고 이기적인 사랑 천의 얼굴을 가지고 있습니다

보이지 않아 당신을 스토킹, 화사한 날에는 잠시 삭제, 검은 위액처럼 불쑥 치받고, 혼자 곡선의 방정식을 올랐다 내렸다 해도, 한 치도 자라지 않은 손끝이 느

껴집니다

물 오른 손바닥이 햇빛에 투명하게 비칩니다
그림자속에서 오늘도 내게 말을 거는

당신을 봅니다

휘어지는 나무

이슬이 툭툭 발을 거는 공원길을 걷는다
아버지의 까만 쑥뜸 냄새가 따라오고 있었다

곧은 어깨를 뽐내며 일어선 나무들 사이, 무게를 이기지 못한 나무 한 그루 지팡이 짚고 둥글게 길을 막고 있다 땅속에서 쫓겨난 뿌리 몇 가닥 오므리고 한 팔은 바닥을 괴고 햇살을 아무렇게나 걸치고 잎사귀마다 거친 숨결을 토해내고 있다

그 깊은 목을 넘을 수 없어 발길을 돌렸다
뼈만 남은 아버지, 푸른 웃음이 일어서고 있었다

걸어가는 진눈깨비

눈도 비도 아닌 골목은 비어 있다 기억은 걸어가는 블라인드를 내리고 입김을 불어낸다 변신을 시도한다 몰래 버린 비가는 낙엽에 엎드린다 가끔 거꾸로 흐른다 발자국은 진동하고

빈 놀이터는 환한 더움으로 서 있다 어디로 숨었을까 인기척은 그네를 밀어본다 웅크린 곳을 덧칠한다 비스듬히 보고 있다 신발끈이 조여진 호프집에 먼지가 일어서고

눅눅한 어둠을 빗질해서 걸어둔다
몰래 버린 하루를 깨울 시간이다

장례식이 온다

요양원 복도는 차가운 연분홍이었다
머리 빗고 메니큐어 칠해야 한다는
젊게 웃는 국화꽃속 외할머니는

소녀처럼 기다리고 있었다
술잔을 붓고 있었다
상복입은 손자는

네가 누구냐 수십 번씩 묻던
마지막 목소리에 자꾸 떠다녔다

"치매가 오면 걱정이 없어 얼굴이 더 고와지나 봐"

지루한 관속처럼 국화향 지천이다
화장장 모퉁이에 가을이면 국화화분을 사던 여인이
웃고 있다

영락공원 화장장 내려오는 길, 귓가에 스치는
“니 손주새끼 키워봐야 암 소용없다.”

카랑카랑한 햇빛이 일어서는 정오였다

멀미

어머니를 만나러 여객선을 탔다 사람보다 짐이 많은 덕일호는 무거운 몸으로 몸을 묻었다 수평선이 부지런히 섬들을 밀어내고 지친 포말은 말을 잃어갔다 파도와 선실을 들락거리던 갈래머리 소녀는 하얀 비명을 2등 선실에 게워냈다

희끗한 섬주민은 3등 선실에 모로 누워 파도를 어르고 앳된 해병이 해슥한 소녀에게 자꾸 말을 걸어 댔다

하늬바람이 뱃고동에 화들짝 일어서고 접안하는 배 위로 떠들썩한 짐들이 일어서기 시작했다 7시간의 울렁증이 단단한 시멘트포장 위로 내딛자 반가운 어머니 얼굴이 손을 잡았다

"엄마, 섬이 원래 흔들리는 거야?" 봄날의 섬, 아직도 세상에 적응 못하고 뒤뚱거리는

4부
어쩌면 술래잡기

상상더하기

어제 처음 만나 오늘 헤어진다는 지하철 막차 커플사이로 귓바퀴가 옮겨다니고 내기에 이긴 남자의 소원은 듣지 못하고 도착역에서 내린다 여백을 손질하고

농담만 기억한다 수다에서 건져 올린 혓바닥이 발그레해진다 섹스에 대한 이야기를 편집하던 밤이었다 상상더하기 1을 하다가 "부부 사이가 나쁘면 파트너를 바꾸세요"

꿈을 꾸고 있다 한 눈금씩 자라는 불면이 상상을 갉아먹고 격자를 맞추는 사이 꿈에 만난 이상형은 즐겨찾기 하지 못했다 느슨해진 비밀은 찾을 수 없을 예정이다

잡초가 자란다

혈관의 초침을 듣는다 암막이 내려지고

펼쳐서 찢어놓은 단어 사이로 눈을 뜬 맨발이 골목을 서성인다 귀퉁이마다 잠복중인 어제가 취한 보도블록이 선을 맞추고 비냄새 맡은 잡초가 일어서는 사이, 골목을 뛰어가는 매캐한 발자국은 들리지 않는다 그리워 한 적 없는 사람이 비처럼 문득, 내린다

숨겨둔 비명 사이로 진공이 자라난다

장마의 명명식

“나는 너의 건너편이야”
번져가는 나의 이름을 던져주었다

떠돌이였다가 물이었다가 안부를 묻지 않는 바람이었다가 굵은 상념으로 밤새 흐르고 우리는 불면을 나누었다 몸을 포갠 빨래에서 뾰루지가 오르고 새벽, 물기 없은 방바닥을 핥는 새벽을 기다리는 길고양이, 심장이 흔들리고 여름을 비집고 들어오는 폭염이 자꾸만 말을 걸었다

“나는 바닥이야 너는 어디니?
아무도 이름을 불러주지 않아
물이 차오르는 꿈을 꾸었어”

외출곡선

'가끔', 대리석 바닥을 핥고 있다 늦은 햇살이 달리는 낙서를 다림질한다 잃어버린 말은 바람을 몰아가지 않는다 "퍼포먼스여, 안녕" 바람개비를 포장하지 않기로 한다 물먹은 버팀목이 자라고 바람을 삼키는 버팀목, 소음이 잠기고 있다 불어나는 눈동자가 길을 잃었다고 말한다 얼룩을 먹은 점선에서 전희는 아직 새치기 중이다 우리의 오래 구겨진 줄무늬는 매듭을 달랠 수 있을까 수북한 창이 기웃거리고 구부러진 새벽이 걸어오고 있다 안부를 묻지 않는

음표의자

늘어진 소음을 조율하고 의자가 모여드는 밤이다 건물을 돌아나오는 길을 잃은 소용돌이들, 수직의 불협화음에 뾰족해지는 보면대, 유령처럼 더께 쌓여 걸어다닌다 대답을 잃은 하이햇을 걸쳐본다 음표를 모르는 우리의 오래 사귄 귀는 비스듬해진다

“소프라노, 미리 겁먹지 말아요” 하이 솔을 먹은 소프라노가 갈라진다 “앨토, 낮은 음을 억지로 내지 말아요” 앨토가 굵어지고 “테너, 까칠한 소리를 들려줘요” “베이스, 얼굴을 보여줘요” 빈 음표가 가라앉고 음표는 의자를 모르고 우리의 소리는 내일을 잊기로 한다

대학로의 한 밤이었다 빗소리도 삐걱대는

히치하이커 새벽

열병이 걸어가는 소리를 들었다 메아리를 먹고 배수관은 빠져나가는 담을 넘고 와이파이를 흔들어댔다 포니테일 와이파이, 거미줄은 해체되지 않아 "쉿, 비밀이야" 비밀을 들이키고 골목을 밀어내기 시작했다 긴 꼬리의 골목 골목이 떠오르는 중이었다 발바닥에 붙은 껌이 입술을 질근거리고 노래를 삼키는 어스름, 박제당한 자음과 모음이 마주보고 있는

'어두커니', 새벽을 불렀다 모니터엔 파랗게 비가 내리는

어쩌면, 술래잡기

집에 가지 못했다 너절한 이야기가 굴러가는 아침과 어쩌면 새벽의 중간지대 그물코처럼 엉성한 냄새가 가라, 가라앉고 쇼윈도 앞 마네킹이 앉은 어쩌면 길을 잃은 얼굴위로 욕지기 닮은 김밥 냄새가 이른 피로로 앉는 어쩌면 따라가는 낙서는 시작, 시작이었을까 탈색되는 점선이 숨고 성마른 얼굴로 24시 편의점이 걸어, 걸어가고 세콤카드가 호프집을 하품하고 어쩌면 시간은 녹이 슬었고 느렸고 손에 잡혔다 비는 오지, 오지 않고 어쩌면 먼저 어둑해지는 소음안에서 불빛이 번득이고 살갗에 닿는 비, 비냄새 길을 잃은 어쩌면 '꼭꼭' 숨고, 숨고 싶어지는

뫼비우스의 알약

매끈한 속임수를 따라가는 관은 빛이 없었고 돌기가 번뜩였고 패인 촉수로 거품을 보았고 팔을 접고 백신을 흔들고 마우스를 밀봉했다

아킬레스는 아킬레스건을 흔들고 'A'를 삽입하면 아프리카의 스토킹, 홍건한 아이템을 몸을 갈아입고 아마존에서 길을 잃었다

트로이 목마는 창이 없었고 쳇바퀴 도는 오늘을 만났는데 오후는 없었고 어디선가 나를 만나고 밀어내고 절전모드에서 신호는 오지 않는 오늘도 쳇바퀴였다

쉿! 마네킹

무디어진 톱니를 밟은 마네킹을 마주보기까지 미리 보기는 버퍼링이 심하고 지직거렸어 가고 있는데 오고 있는 보도블록이 발톱을 세우는 소리, 깍지 낀 바람이 굴어가고 상처를 말아 노란 가발을 뒤집고 서걱이고, 부러진 손톱이 나를 먹고 있다고 마네킹이 말했어 블랙미니드레스를 분해하고 '팔과 다리를 입혀주세요' 대답은 사선으로 질문은 '만지면 안돼요' 랩가사를 조준하고 스테레오 목덜미가 폭주하는 '무이자로 심장을' 핫딜하나요? 전단지는 무릎이 베이고 무디어지고 쏟아지는 마네킹은 입을 잃어가고 나는 모퉁이에서 이정표로 서 있었어

그물을 삼키는

우물 하나를 가지고 있어 나의 우물은 가끔 불친절하고 제비를 뽑는 덫을 놓고 있었어 커튼을 내려도 좋을까 이제 가위바위보를 시작할 시간이야

그물, 그 물에서 바다냄새가 날 때까지 극점에서 철길을 만나면 벗어놓은 허물은 물뱀으로 곱슬거리지 코를 당기고 비등점에 던지면 우물은 넘칠까

가발로 롤러코스터를 조준하지 빗방울의 냄새를 따라 오물에서 아가미가 자라고 있었어 호흡이 가빠지고 그물, 그 물에서 나는 우물을 삼켜버렸어

팟캐스트Pod cast 공화국

거미알처럼 부화하고 있다 깊이 숨겨둔 심장이 쏟아져 내린다 경계도 없는 아우성이 치솟았다, 내리꽂는다 외로이 산화하는 주검에 웅웅거린다 얼굴도 없이 색깔 선연한 댓글, 리트윗, 맨션, 1인 미디어, 가면은 빼앗기고 있다 찢긴 상처가 흥건해도 거미줄같은 신경계는 분열을 시도한다

치열한 신경전은 표정이 없다 수면아래 도시는 오늘도 이름 하나 부여한다 구애의 몸짓은 진화하고 넓어진다 몸을 갈아입은 물길이 오르고 내리는 바다, 소리없는 0과 1들, 치열한

클릭, 다운로드는 가끔 멈칫한다
화염같은 노래는 아직 깨어있다

거울의 뒷면

거울 밖에서 거울 속으로 걸어가는 뒤통수를 바라보다가 먼저 가신 아버지는 장모님을 만났을까, 문득, 멱살은 잡히지 않았을까, '아스팔트에 얼굴이 닿으면 안돼' 라고 찰나에 문득, 숨겨둔 악몽이 거품으로 터지는 새벽 가위눌린 잠이 깨고 아이는 아직 자라지 않아, 수백킬로를 달려온 지진이 주름을 덮으며 울고 있는 아이가 문득, 사라진 티눈과 흔들리는 눈동자를 기억하고 녹슨 자물쇠와 양철지붕 빗소리에 문득,

통증이 다가오는 시큰거리는
파열음 뒤편으로 낯설어가는
오를수록 바닥이 무너져 내리는
아무도 듣지 않아 굳어가는

문득,
뒤를 돌아보면 아무도 없는 오후

사라지는 것들의 흔적

흐린 날은 오래된 흉터에서 유령통을 만난다 보풀이
뜯겨 오르면 묵은 아우성이 바닥을 치고 일어서고
비먼지와 길을 잃은 세월의 울먹임 그 냄새를 맡는다
정전기가 돌아서고

사라진 것들은 서랍속에 꼿꼿하다 버려진 나는 꿈속
에서 늘 낯설다 신경세포가 화들짝 일어서고 따끔거
린다 보호색으로 염색중이던 기억은 굳어가고

세면대 사이 물때에서, 장롱속 오래된 먼지, 바랜 책
의 낙서 속에서 사라진 것들은 모양을 빚어간다 내
최면에 반항중인 불면을 이야기 한다 목울대에 걸린

보호색이 희미해지고 사라진 것들을 다독인다 무디어
지는 주름뒤로 최면을 해체한다 생인손이 따라가고
변덕스런 봄날이 가고 있었다 비가 왔다가 개였다가

처럼

'처럼' 을 꺼내 입어본다
원피스는 늘 나를 거부하고
옷장을 빠져 나오다
우리는 어색해져서 다시 걸어둔다

당신,처럼 살지 않겠다고
착하디 착하기만 한 당신을
닮지 않겠다고 약속했는데
거울속에서 당신이 웃는다
비,처럼 당신이 내린다

어제는 폭염을 뚫고 섬에서
당신의 택배가 도착했다
당신,처럼 많은 이야기가
쏟아져 나오고 야채들 시들고
나는 당신이 먹을 수 없는 김치를 담는다
식도가 가늘어 자주 목소리가 쉬는
당신과 버석한 대화를 나눈다

당신이 사는 섬 방파제를 걸어가던
구름 그림자를 기억한다
그림자를 따라가는 어스름에
긴 하루를 입어본다
당신,처럼

사이렌의 노래

노래가 너울거렸다 도돌이표 길에서 소름으로 파고드는 사방 길을 잃은 나를 만나고 나와 헤어지고 탁트인 원형감옥에서 달팽이관으로 뼈를 따라오는 오르가슴, 감각들이 비명을 질러대고 눈을 감으면 공글리는 한 눈금씩 오르는 중, 금단으로 햇살을 따돌리지 않는다

난파성은 치렁이고 알레르기 반응을 일으키는 배들의 무덤을 지나고 선혈로 파닥이는 선크림을 덧칠하고 화장터를 지나 지난다 동맥을 바라보는 사이렌이 '쨍', 엎질러진 오후를 쓸어 담는, 한낮을 가르고 소리를 잃은 나의 립싱크는, '저장 중 오류가 발생하였습니다'

폭염 조문

폭염은 어디까지 가고 있을까? 처음 만난 소도시가 닮아 있는 이유를 도로는 알까? 폭염의 장례를 걱정하는 택시기사는 쳇바퀴 도는 오후를 건너뛸까? 상주의 표정에 담긴 언어를 호상이라는 이름이 읽을 수 있을까? 위로에 담긴 이야기에 악수는 흔들리지 않을까? 네 시간을 건너는 버스기사는 "신발을 벗어 불모 옆에 사람 죽어뿝니다" 사투리를 던지는데 농담을 통과한 말투를 웃음은 알고 있을까? 폭염으로 떨어진 검은 샌들 끈이 떨리는 소리를 던져주었을까? 며느리의 운동화 끈을 매 주던 90넘은 시아버님은 어떻게 지내실까? 폭염이 폭염을 건네는 저물녘은 오늘의 안부를 물어줄까? 내일의 안부는 나를 기다리고 있을까?

일몰

생선회를 먹는다
납작해지는 빛 앞에서
처음 본 사람과 20년 만에 만난 사람과

광어 우럭 조개탕을 부르고
점점 배가 불러오는 바다
적금색으로 나른해지고 있다

흔적을 흩뿌리는 친구는 산낙지를 들썩였다
사는 게 힘들다고 죽은 듯 살아온
먼지 묻은 이야기를

매운탕을 죽이고
길을 잃는 바다를 삭제한다
20년간 죽은 사람의

지날수록 뼈가 드러나는 이야기

침묵도 풍경화가 되는
비릿한 어둠이다

틸란드시아

나는 긴 곱슬머리 소녀를 만났다
누군가는 수염 가득한 할아버지를 만나고
누군가는 겨우살이 따위로
나는 공기를 먹고 사는 은백의 소녀를 읽는다

역광으로 올라앉은 눈매
미세한 솜털들이 유리창 너머
비늘같은 이야기가 숨어들고
정착하지 못한 발끝으로

꿈은 더욱 깊다 스미지 못한
뿌리가 없이 거짓 한 스푼을 넣어
은사실 풀어내는 세레나데는
키작은 숨결에도 턴을 시도하는데

땅에 발을 디디지 않는
공기 속 물의 기운을 머금어

트이지 않은 방정식을 수혈하는
오늘도 공중정원에서 날선 바람을 기다린다

환승

바닥에서 떨어지는 소리를 듣고
액정은 돌아오는 길을 잃었다

커트머리 소녀의 백팩에 붙은 스무개의 뺏지는
반사되는 스마트폰 사이로 납작해진 나를 세고
태풍 제비가 건물을 날리고 있었다

이정표가 많아도 길을 놓치는 불안은
하나를 기억하고 하나쯤 빠른 길을 계산했다
지하도는 미아를 닮아가고 내가 서 있던
홋카이도에서는 강진이 다녀갔다

거미알같은 사람들이 부화하고
불어나는 지하도 따라 몸을 따라다니는 기억
게릴라성 폭우가 두드리고 있을까?
통로가 비스듬해져서 아무도 말을 하지 않아

휩쓸리는 나는 말을 잃어가고
인공지능을 불러오면 스마트폰으로
밤이 도착하고 가끔 길을 잃어도 될 거야

오늘의 기상은 스미지 않는
빗금을 잠시 갈아타고 있었다

당신은 누워있고

우리는 당신 침대를 에워싼다 번갈아 감각있는 손을 잡아 본다 말없이 눈을 맞추다가 눈물을 감추고 인공호흡장치와 눈이 마주치고 당신의 부은 얼굴을 보고 서로를 다독이고 심전계 숫자와 마주치고 가득한 병상을 둘러보고 무기력과 마주친다 불투명한 유리벽이 가득하다 기계들 숨 죽이고 발소리 잦아드는 집중치료실이다 낯선 것들이 가라앉고 바람은 표정을 잃어간다 내일도 당신의 손을 잡을 수 있을지 당신을 기다리다가 밀린 일들을 생각하다가 나는 시나 쓰고 있고

해설

은유로 풀어낸 생명의 기호들

(괄호를 묻는 새벽)

이훈식(시인 · 서정문학 발행인)

시는 직간접 경험을 통해 얻어낸 사유를 언어라는 도구를 사용하여 표출해 낸 숨겨진 또 다른 자아이다. 시는 감성을 일깨워 주는 통로이며 내 안에 또 다른 나를 만나는 세계이기도 하다. 시인은 자신의 가슴에다 불꽃을 태우는 열정이며 자신의 의지와는 관계없이 잊혀가는 망각의 꿈을 다시 지피는 작업이기에 무에서 유를 생산해내는 창조자이다. 그래서 어쩌면 시인의 시는 자기에 대한 물음이요, 대답이기도 하다. 『서정문학』 창간호부터 지금까지 혼돈과 기쁨의 시간을 함께하며 도서출판 서정문학 대표가 되기까지 쉼 없이 달려온 차영미 시인은 시 창작을 통해 사유와 시학을 확장시키며 끝없이 정진하여 얻어진 시라는 산물을 우리에게 소박한 웃음으로 첫

번째 시집을 통해 감동을 주고 있다

무언가 다른 사람하고는 차별화된 시를 쓰고자 현실에 안주한 편이한 사고가 아니라 비정한 모순과 해결의 기미가 보이지 않는 갈등을 낯설은 언어로 수용하며 그 역동성을 시 밖으로 끌어내고자 하는 부단한 노력의 모습이 참으로 남달라 앞으로가 기대된다. 정제되고 절제된 시어 하나를 고르는 작업은 예술적 질감으로만 형성될 수 있는 것은 아니다. 지식과 정보가 소나기처럼 쏟아지는 시대에 살면서 어딘가 불안하고 공허하며 암울하기까지 한 현실 속에서 자기만의 의식을 꿋꿋이 세우며 보여 주기보다는 일상에서 생기는 의문과 혼돈마저 자기화시켜보려는 내면의 끝을 붙잡은 그 시 정신이 뛰어나다.

1부 오늘의 다림질

그 어떤 이론으로도 문학작품의 의미를 다 담아낼 수 없다. 그래서 섣부른 의미 해석보다는 차영미 시인의 시를 읽고 난 후에 오는 감성의 흐름만을 한 번 적어 볼 생각이다. "온 세상은 나의 은유이다."라고 어느 시인이 말을 한 것처럼 소재나 대상을 가지고 기존의 선입관에 빠져 있으면 진부한 표현밖에 나올 수가 없다. 선입관 속에 갇힌 자아를 벗겨내고 눈을 떴을 때 비로소 은유의 맛을 찾게 된다. 「오늘의 다림질」 「나선형을 골목이라고 부를 때」 「말의 물음표」 「괄호를 묻는다」 등의 시들은 한 방향의 시각과 한곳에 머무르는 기존의 틀을 벗어나 독특한 시각으로 행간 그 너머의 정체성을 그려내고 있음을 볼 때 시는 곧 낯설기라는 말을 온몸으로 이야기하고 실천하고자 하는 노력이 신선하다.

솔깃해진 방이 어두워지면
돌아보는 노래에 익숙해질 수 있을까?
구겨진 천을 서로 펼쳐 보이고
오랜 만난 주름을 다림질하기로 한다

펴지지 않는 시어들 빗면으로
잘못 새긴 간격이 번득이고
다림질은 반듯한 불안을 먹고 자란다.

–「오늘의 다림질」 중에서

죽어야 사는, 죽어야 피는 봄
충정로 뒷골목 시린 손 위로 달아나는
봄눈은 휘날리고 인사를 나누고
떠도는 잡담을 생각한다

그림자일까, 거짓말일까…
봄눈이 스러지는 골목
다시, 봄이다

—「다시, 봄눈」 중에서

위에 두 시를 보면 보편적인 시각을 떠나 그 풍경에 닿는 시선을 한 번 더 되새김질한 후에 은밀한 풍경이 또 다른 색깔로 속내를 보일 때까지 무늬진 옹이를 찾아낸 시인의 사유가 너무 친근하게 다가온다. 아픔과 기쁨이 한 고통일 수도 있다는 그 잠재의식의 세계 그 은유적 의식이 아름답다. 시는 읽고 나서 오는 좋은 울림이 있어야 그 여운도 길다. 쉽게 써진 시가 아니기에 그저 눈으로만 읽어서는 안 된다. 가슴을 열고 시인이 섰던 자리에 서서 행간에 숨겨진 의미를 찾아내야 한다.

매듭은 풀리지 않았다 오늘도
조금 늦어졌을 뿐이라고
나는 긴 잠꼬대로 뒤척였다
버려진 시간이 한 가닥 걸어 나오는 시간
박제된 자판은 진동으로 헐거워지고
건전지가 빠져나간 시계 초침

–「새벽 단편」 중에서

2부 우두커니

시는 궁극적으로 시인의 정서와 사물을 보는 시각에 따라 그 의미가 유기화 된다. 시에서 주제를 하나로 응집 시키는 능력이 바로 시를 읽는 사람으로 하여금 감동을 받게 만든다. 차영미 시인은 삶이라는 거울에 비친 이미지를 시적 언어로 형상화하며 다른 사람과는 다른 낯설음의 언어를 통해 행간과 행간 사이에 공명의 울림이 있다. 우리가 살아가는 이 세상은 어떤 일정한 패턴으로 고정된 것이 아니라 늘 새로운 물결을 만들며 흐르고 있다. 삶과 죽음, 만남과 이별, 슬픔과 기쁨 등을 그저 이분법적 사고로 보지 않고 공통적 분모를 찾고자 하는 내적 성숙의 시가 작품의 생명됨을 알고 있는 시인이다. 그런 면에서 2부의 작품들은 대칭 구도를 떠난 응축된 표현들이 돋보인다.「보도블록」「가각」「기억인형」「다크서클」시 등은 대상의 공간에만 한정된 이미지가 아니라 심층에 내재한 섬세한 정감을 그려내고 있다.

밤이 울렁이고 동면은 옅어져서
귀퉁이가 뾰족해지고 있었다.
꿈 위로 거품이 떠다니고 얼굴을
기대면 한 방울씩 떨어지는
잡음이 복제되는 중이다
비릿한 하루가 일어나고
모서리가 자라는 소리
빗방울이 바닥을 뒤집고 있었다.

–「가각街角」중에서

낯익은 수다를 베낀다.
깊은 감기에서 2주 만에 걸어 나와
잠시 주인공이 되었다
한껏 낮추는 천장 앞에서

오늘도 무뚝뚝한 경고문을 만난다.

–「벙커 」중에서

시는 열린 지향적 사고의 결과이며 시선이 닿는 모든 대상과 공간을 하나로 묶는 작업이다. 사실 요즘의 시들이 현대시라는 이름하에 좀 난해한 경향을 보이고 있다. 아마 시대적 조류이기도 하겠지만 차 시인은 기존 시의 세속적인 틀을 정화시키듯 시어의 탐색을 통해 자기만의 언어로 그 색깔을 만들고 있음이 참으로 고무적이다.

3부 흔적은 자란다

낯익은 시어보다 리듬을 잃지 않는 선에서 연민으로 다듬은 시들이 3부에서도 이어지고 있다. 모름지기 차영미 시인은 일상의 순간들을 포착하여 상상력으로 키워 낸 낮은 음성들이 침전된 사유의 닻을 맑은 시혼으로 건져 올리고 있다.「여름의 소실점」「사라지는 골목」「질긴 오수」「그림자 곡선」「멀미」등의 시에서도 구체적이고 설명적인 것이 아니라 감성이 떠난 자리에서 주워 올린 시어들이 빛을 발하고 있다. 시를 쓴다는 것은 어쩌면 가슴에 번진 이미지를 굵은 연필로 그려내는 추상화이다. 거부할 수 없는 인고의 세월 주름진 깊이로 자신을 들여다보는 내적 자아가 행간마다 숨어져 있다.

비를 따라가는 걸음이 물컹해진다. 일기예보가 구시렁대는 오후에 횡단보도를 위반하고 마주친 눈을 사선으로 보낸다. 계단을 덮쳐오는 비바람에 시침이 흔들리고 변덕스런 우산이 출구마다 가득하다. 우리는 불어나는 문자를 '잠시, 소나기로 삭제 버튼을 눌러댄다.

–「소소한 비」 중에서

땅속에서 쫓겨난 뿌리 몇 가닥 오므리고 한 팔은 바닥을 괴고 햇살을 아무렇게나 걸치고 잎사귀마다 거친 숨결을 토해내고 있다.

그 깊은 목을 넘을 수 없어 발길을 돌렸다
뼈만 남은 아버지, 푸른 웃음이 일어서고 있었다.

–「휘어지는 나무」 중에서

차영미 시인은 흘러간 시간 속에서 쌓여 있던 기억들을 굴절 시켜보며 무겁고 힘든 의미들을 덜어내는 웃음으로 그 여백을 담백하게 그려내고 있다. 일상의 고만고만한 것들을 제 자리에 돌려놓고 싶은 애증이 곳곳에서 보인다. 아마 토해냄으로써 얻어지는 마음의 정화 그게 시인이 간절히 바라는 세상이요, 창작의 세계임을 알겠다.

4부 어쩌면 술래잡기

시는 시간과 공간에 대한 깊은 관심에서 시작된다고 해도 과언이 아니다. 무한한 심리적 상상의 너울거림은 인간 실존에 대한 투철한 자각으로 이어지기 마련이다. 살아오는 동안 어떤 회의나 좌절의 감정이 아니라 주어진 환경 속에서 매몰되지 않고 집착을 벗어난 여유로움이 참으로 맑다. 「장마의 명명식」「히치하이커 새벽」「사이렌의 노래」「폭염 조문」「일몰」 등의 시에서 시인이 품고 있는 창작에 대한 열정과 그 정서가 고스란히 담겨 있다. 시의 형태나 언어 감각은 시인의 몫이다. 4부에서 보면 시대적 아류에 빠지지 않고 자기만의 언어로 그 정서를 살려내려고 했던 모습이 보인다. 시는 단지 시인의 상상력에 의해 투사된 형상물이라 해도 시어마다 숨을 불어넣는 작업은 그리 쉬운 일이 아니다. 어쩌면 쓰고자 하는 대상에서 한 발 물러선 자아를 바라볼 수 있을 때만 가능한 일이다.

> 노래가 너울 거렸다 도돌이표 길에서 소름으로 파고드는 사방 길을 잃은 나를 만나고 나와 헤어지고 탁 트인 원형 감옥에서 달팽이관으로 뼈를 따라가는 오르가슴, 감각들이 비명을 질러대고 눈을 감으면 공글리는 한 눈금씩 오르는 중, 금단으로 햇살을 따돌리지 않는다
>
> –「사이렌 노래」 중에서

> 웃음을 흩뿌리는 친구는 산낙지를 들썩였다
> 사는 게 힘들다고 죽은 듯 살아온
> 먼지 묻은 이야기를
>
> 매운탕을 죽이고
> 길을 잃는 바다를 삭제한다
> 20년간 죽은 사람의

지날수록 뼈가 드러나는 이야기

침묵도 풍경화가 되는

비릿한 어둠이다

―「일몰」 중에서

오랜 기간 습작을 통해 시어를 갈고 닦아 온 차영미 시인은 특유의 시적 상상력으로 그 뼈대를 이루고 있음을 본다. 이 시집은 시인의 첫 작품집이라 아쉬운 부분이 없지는 않다. 그러나 첫 시집을 보여준 것만으로도 충분하다. 왜냐하면 시적 상상력이 다른 시인들과 변별력을 갖출 수 있을 때 대상(소제)과 그 접점이 이루어짐을 우리는 봤기 때문이다. 살아오면서 가슴 쓰리던 기억도 피보다 진한 슬픔도 끈질긴 사유의 글감으로 창조해낸 것을 볼 때 이제 시와 마주하기 시작했음을 본다. 대상에 대한 외연보다 숨겨진 이면을 들여다보기 시작한 것은 그만큼 내연이 깊어진 까닭이리라. 응어리지고 매듭진 애증의 삶 속에서 이제 세상을 향한 고고한 울음. 앞으로도 더욱 정진하여 문향이 가득한 시인이 되길 기원해 본다.

2018년 10월 용인에서 이훈식